새의 몸속에서 숲이 태어난다

새의 몸속에서 숲이 태어난다

김지은 시집

전망시인선 008 새의 몸속에서 숲이 태어난다

1판 1쇄 펴낸날 2023년 11월 20일

지은이 김지은
펴낸이 서정원
펴낸곳 도서출판 전망
주소   48931 부산광역시 중구 해관로 55(201호)
전화   051) 466-2006
팩스   051) 441-4445
이메일 w441@chol.com
출판등록 제1992-000005호
ⓒ김지은 KOREA

ISBN 978-89-7973-613-7
값 10,000원

* 저자와의 협의에 의해 인지를 생략합니다.
* 이 책 내용의 전부 또는 일부를 재사용하시려면 저작권자와 도서출판 전망 양측의 동의를 받아야 합니다.

이 책은 2023년 부산광역시, 부산문화재단
<부산문화예술지원사업>으로 지원을 받았습니다.

시인의 말

보이지 않는 것은
멀리서 오고 있음이다

2023년 늦가을
김지은

차례

시인의 말　005

제1부

사과깎기　013
이명　014
여름 프리즘　016
바람의 정거장　018
여백　019
천사는 언제나 맨발이어서　020
푸른 비　022
아내　024
루소의 정원　025
탁란　026
바람이 전하는 말　028
절창　030
소멸에 대하여　032
침잠　034

제2부

우리는 빙산처럼 037
12월 038
상승하는 벽 040
우수아이아 042
달의 심장 044
우리가 사랑이라 부르는 046
떠도는 저녁은 048
전적신고 050
서머타임 052
새의 몸속에서 숲이 태어난다 054
빛의 대화 056
바람의 뒤편 058
당신이 고인 우물 060
나의 미래 완료 062
정처 063

제3부

누에보 다리에서　067
쾌락의 정원　068
브이로그　070
톨레도　072
환상 기행　074
여름 삽화　076
피라칸사스　078
변신　079
왜가리　080
종이컵 스캔　082
썰물　084
가을 장마　086

제4부

죽은 것들이 날아오른다　089

오른다는 것　090

돌기둥　092

물태리역 습유　094

괴정삼거리　096

바람개비　098

환청에 대하여　099

겨울 비망록　100

폭설　102

백신시대　104

가을과 겨울 사이　106

안개　108

나의 셈법　111

해설 떠난다는 것, 우리는 이것을 사랑이라 부른다　112
　　_신정민(시인)

<일러두기>

* 본문에서 >는 '단락 공백 표시'로 한 연이 새로 시작된다는 표시입니다.

제 1 부

사과 깎기

배꼽을 도려낸다
누군가 잘라놓은 탯줄

한나절
냉이 꽃술 같은
햇살 눈부시다

면사포 쓴 강물

가진 것 없으니
잃을 것도 없다

흰 낮달 돌리며

둥근 숲 하나 측량한다

이명

가을은 너를 번역하는 일이다

알 수 없는 몸짓들
한밤중 보리차 끓는 소리로 운다

달의 고요
귀 안에 있는 신비로운 악보를 위해
풀벌레들이 운다

나뭇잎들이 소리로 깨어난다

하늘 높이
쏘아 올린 귀 한쪽
눈먼 낮달의 행선지를 더듬는다

세상의 모든 숲길
달빛으로 물든 동굴이 깊어

\>
직박구리의 높은음자리
밀려오고 밀려오는 밤

귀를 앓는다
절벽이 적막을 길어 올릴 때까지

여름 프리즘

생각들이
비파나무 울타리를 지나간다

강줄기의 시원을 찾아가는
설익은 열매들

불멸의 집 한 채

쥐똥나무 꽃물결
햇살은 엷어지고

망종의 바람결
바다의 몸부림

계절의 키보드에서 Alt를 누르고
스페이스 바를 친다

>

유월의 첫날

뒷걸음질치는 라일락 숲

삼각의 전율

달의 날개 위에 저녁 메뉴를 브리핑한다

미술관으로 간 클래식

이브의 사과와 뉴턴의 사과들

큐비즘의 저녁을 장식한다

바람의 정거장

 알몸의 나무들이 눈부신 살갗을 드러낸다 키다리 겨울은 환승역에서 발을 내딛고 편백나무 숲, 링컨의 움푹 파인 눈동자가 생각에 머무는 사이 꽃구름 몇 장 수척한 겨울의 속살을 뒤척인다 **뼛속까지** 환한 벌거숭이 나목 사이로 더디게 돋아나는 수원지의 입춘방은 안구건조증을 앓는다

 꽃눈 틔운 벚나무들 화색이 부푼다 부드러운 조막손 빌려 꽃소식에 취하는 자세 벌거숭이 바람이 실성한 웃음을 퍼뜨린다 뒤척이는 바람의 언어, 야생의 향기를 부추긴다 빛바랜 겨울 메모장을 끄적이는 적막 고목 한 그루의 사색이 돋아난다 소리 없는 감탄사 고독을 짓씹는다

여백

개박달나무
바람결에 길을 나선다

안부를 묻는 공중전화
백일홍 옛길을 걷는다

그늘이
뜬구름이
꿈을 채운다

만나지 못할 길과
만날 수 없는 얼굴들을 펼쳐든다

흘러간 사람들을 맴돈다

천사는 언제나 맨발이어서

졸방제비꽃은
세상을 향한 절망

눈물은 맑아 언제나 가난하다

오래된 연립하우스
가장 낮은 곳에서 우러러보는 하늘

목마른 골목
전봇대가 하염없이 서 있다

희끗한 머릿결
이 땅에 빚진 자들의 설움

천사는 언제나 맨발이어서

투혼처럼

스무 살의 봄밤처럼

혹은, 씨앗처럼

푸른 비

일출에서 일몰까지

스며든다는 것은
탐스러운 울음들이 손을 내민다는 것
무덤을 짓는다는 것

멀리서 오는 산길
새들이 날아와 헐어내면

푸른 그늘 새어 나와
분홍 꽃잎 한 점
어린 왕자의 발자국을 지운다

꽃들의 수려한 눈동자
창문 열면 뜨락 넘어지고

젖은 말은 말이 없고

푸른 비를 꺾는 마른 가지에

봄의 전령들이 움을 틔운다

아내

초승달 끝에 매달려 있다

때로 바람은 저 혼자 불고
손끝에 감기는 머리카락

흐르는 구름 저쪽
아득히 서 있다

밤새도록 머리를 긁는 꿈속에서
기다리고 있을 단풍 고운 숲

하늘을 출력한다
가을이 닿기 전에 지는 잎들의 고적

먼 듯 가까이
풀독 오른 황소 구름 한 자락

루소의 정원

달의 날개 아래 세 들어 산다

뼛속 깊이 잠든

나목들의 여윈 목덜미

사과를 그리는 미술관을 세운다

만유인력을 우려내는 치사량

현관 앞에 놓인 화분을 들춰

감춰둔 열쇠를 찾는다

입춘의 비상구

감추고 있는 비의를 연다

탁란

역으로 가는
계절은 모두 안녕이다

일몰은
텅 빈 가방

긴 겨울 끝 플랫폼에서
떠나는 누군가의 뒷모습을 배웅한다

불멸의 집 한 채
생은 기다리는 것이 아니라 찾아가는 것

무지개 다리를 건너
또 다른 해후를 맞이하는 역

상실은 밝고 따뜻하여
차단막 내려온 건널목 사이로

\>

복수초 언덕이 일렁인다

바람이 전하는 말

빙벽의 무게를 져 나르는
계절 노동자

가지 끝에서 무리를 짓는
슬픔의 형제들이여

무료한 내일은 계속될 예정이다

다만, 목련의 꿈들은
한 폭 풍경으로 떨고 있다

가지 끝에 귀 기울이는
침묵의 새떼들

하늘을 찢는다

숨 막히는 직립의 광휘

까닭 모를 악다구니로 피어나고

겨울의 차가운 콧수염

늙어간다는 것은
누구도 탐하지 않는 여행이라고

어제의 방식을 뒤집는다

절창

정원 돌계단
민박 왔다 눌러앉은 민들레 홀씨
환장하게 곱다

대낮에 쏟아져 내리는 별

수레바퀴 굴리는
뜨거운 말씀

민들레 발바닥
공중부양 중이다

하늘 가득 밀어 올리는
허공의 산란

生,
고것 참

\> 구성지다

소멸에 대하여

베니스 상인의 티켓을 끊는다

하염없이 들여다보고 싶은
채송화, 누군가의 소문에 둘러 앉아
불가능을 꿈꾼다

바다가 부풀 때마다
슬픈 음악이 미어진다

귀가 되어 버린
난청은 먼 곳으로부터 희망을 불러온다

한낮의 허리
해는 바다 밑에서 튀어 오르고
갯벌에 물이 들면
파도는 저 홀로 늙어간다
>

밤은 별의 슬픔을 누빈다

침잠

뻐꾸기는 왜 울까
하릴없이 허공만 증발시킨다

해와 달의 뒤편
번져가는 상상의 뒤켠

하늘 멀어지고
생은 매 순간 번지고

순간들은 강을 채운다

물과 불이 서로를 어루만질 때
지상에는 가장 따뜻한 저녁이 찾아와

눈물겨운 어스름
뻐꾸기 울음을 내놓는다

리듬 없는 날개들 사유에 젖는다

제2부

우리는 빙산처럼

화염병 대신 꽃을 던진다

찰랑대며
하강하는 물의 난간

구조 연막탄을 든 난민 소녀가
직업별 뉴스를 전하고 있다

방아쇠를 당기는 바람의 끝자락

고추잠자리 떼가 파도로 쏟아져 내린다

야생화가 건설 중인 푸른 남극

내 귓속으로
쇄빙선 한 척 다가오고 있다

12월

너의 입술이
너의 어깨 위에 있다

너의 눈발은
몇 마리의 새들이 곱게 덮는다

교회당이 보이는 마을 동쪽
곡괭이를 든 사내가 지나가고 있다

길이 휘어진다
지붕 위에서 바이올린을 켜는
너의 구둣발 밑으로

왕의 수염을 단 저녁연기가
이슥해진 밤을 풀어헤친다

꽃다발을 안고 온 시간이여

거꾸로 서 있는 나무들을 끌어당기자

우리들의 금지구역에서
젖은 날개를 새에게 달아주자

상승하는 벽

안녕, 55초
엘리베이터에 발을 딛는 순간부터
나는 절벽이다

범어사역 3번 출구
공중그네를 타는 이슥한 밤

자동문이 열릴 때까지
너에게 나를 부탁한다

보호벽 너머
울음 휘감고 있는 거미줄

거미의 등을 쓸어주는 벽
본 적 없는 사람들끼리 마주 보는 벽

하현달이 어둠에 몸을 치댄다

>

엘리베이터 문이 열리면

입속에 갇힌 수천 마리 나비들

깃털 없는 하늘을 날아간다

우수아이아

처서는 과학이다

서늘한 바람이
더위를 살처분하는 풍조

피는 듯 지는 풀꽃의 이별

가장 뜨거운 날을 골라 피어나는
목백일홍 옛집

붉은 정오의 발바닥
그림자들 줄을 선다

물속 낮달
내려다보는 단풍나무

내 것인 적 없던 막차

종점 카페가 클로즈 팻말을 내건다

오래도록 세상 끝을 바라본다

달의 심장

잠의 껍질을 뜯어낸다

천 길 낭떠러지
발등이 시리다

도시를 배회하다 돌아오는
그늘진 발걸음

막다른 골목이
목적지 없는 그림자를 반기면

꿈은 총총히 집으로 돌아간다

눅눅한 방안에
매달린 꽃 한 다발

놓친 기차 시간만큼이나 밤은 깊어

눈동자의 자전만이

기우뚱한 지구를 다시 돈다

우리가 사랑이라 부르는

어둠을 흩뿌린다

경로 없는 말들은
올리브보다 검은 밤을 생각한다

우리는 스크린의 가슴을 치며
극장 밖의 절망을 이야기한다

출구를 찾지 못하는 열망
겹겹의 울음을 토해낸다

삶에는 각기 다른 허공이 있다

생각한다
우리는 서로의 방식대로 노래한다는 것을
우리가 사랑이라고 생각하는 것을

>

나는 나를 떠나간다

망망대해를 바라보며

절벽의 모서리마다 뜨거움을 새겨넣는다

떠도는 저녁은

잿빛 마을의 두 사람
잿빛 마을의 퍼즐놀이를 하고

춤을 추는 여자와 믿음을 버린 남자
끝없음에 대한 배회놀이를 한다

전사한 아들의 무덤에
꽃을 심고 물을 주는 노부부

비를 맞으며 어린 딸의 신발 끈을
묶어주는 아버지

플랫폼에 홀로 앉은 여자를
포옹하는 남자

길은 누구도 포기하지 않는다
>

떠도는 허공을 완성할 뿐

전적신고

우리의 원적은 여름이다

소리 내어 너를 부르고 싶을 때
마지막 낱말들이 튀어 오른다

강동리에서 출발한 기차
양자동 지날 때 산그늘 솟을대문에

내가 걸려 있다

아침나절 빗방울들
물가에 누워 쳐다보는 하늘과
오후에 뒤돌아보는 아침

미루나무의 고백

계절은 지나온 생이었노라

해안을 기어오르는 파도의 춤

저마다의 물결 속에서 쓸쓸한 힘이 자란다

표류하는 외딴섬
역광으로 일렁이는 혼돈

빛나는 것들은
네가 있는 간이역을 지나고 있다

서머타임

초록계단을 오른다

버스킹 라이브를 즐기는 갈림길은
철 지난 장미의 절정을 어루만지고

낡은 수첩 속에 있는 달의 유적지

검은 피부의 여름이
청보리 물결로 출렁거린다

흑백 필름 속
소식 끊긴 아이들의 눈부신 미소가
둥글게 부풀어 오른다

창문 가득 저녁이면
돌아오지 않는 아이들의 근황에 귀 기울인다

>

자정의 여백에 별똥별이 진다

열아홉 이슥한 밤하늘
쏟아지는 빗줄기 같은 아이들

슬프다 말할 수 없는 울음소리

문득 울창해져서
추신으로 떠오른다

새의 몸속에서 숲이 태어난다

알몸,
햇살 촉에
뒷걸음질 치는 나목들

금빛 명함
편백의 하루
근육을 키운다

생의 뒤끝

무릎 끌며 가는 어둠
절망과 하나 되어
날개를 펼친다

새벽 텃새들
차고 깨끗한 어깨 위에
슬며시 놓고 오는 독백

\>

새의 몸속에서 숲이

태어난다

빛의 대화

풍뎅이를 움직이게 해 봐

못해
죽었어

왜?

왜냐하면
모든 생명은 죽게 되거든

슬픈 거야?

아니
그냥 없을 뿐이야

그럼 우린 언제 죽어?
>

죽는 거 말고 입양은 어때

또 다른 사람과 사는 거지

서른셋 빌딩 창문 닦기 사내와의 시한부 대화

홀로 남을 아이에게

새로운 가족을 소개하고 있다

그럼 우리 이제

죽은 풍뎅이 쓰다듬어 줄까

바람의 뒤편

나는 허공을 준비하는 바람둥이다

구름 몇 점
두 팔 벌린 너를 향하여

푸른 잎들의 뜨거운 체온을 보낸다

세상 모든 제방을 넘는다

숲을 쥐고 흔드는
눈매 고운 꽃망울들과 혼절한다

치솟는 몸짓들
때로는 술 취한 신을 숭배하고

자유 속에 깃든
슬픔을 어루만지기도 한다

닿을 듯

몇 그루 하늘을 스쳐간다

마을과 숲을 품는다

당신이 고인 우물

물동이 이고 우물가로 간다

바가지에 뜬 물 조금
업힌 아기에게
겨드랑이 사이로 물을 먹이고
당신은 겨우 목을 축인다

그리움을 길어다
플러그를 꽂는다

곁가지로 뻗어가는
출처 모를 꿈길에서

비대칭 귀가
놓치는 소리를 모아
부모로 산다는 것을 생각한다
>

새벽 강가에 혼자 나는 새처럼

나는 무시무종

당신이 고인 우물을 퍼 나른다

나의 미래 완료

　바다를 마주합니다 스물아홉의 하늘은 동편에서부터 무너집니다 꿈의 자물통을 풀어 절망이란 불혹의 매뉴얼을 읽습니다 미구의 환승역을 통과합니다 햇살과 여름을 직거래하고 가지 끝에서 나부끼는 추억을 콜라주합니다 간이역에서의 풍경과 피카소의 세 개의 별을 맞바꿔봅니다 계절을 바꾸고 여름의 꿈을 부풀려봅니다 나의 수면 유도기 귀가 시린 구름을 조각하고 신발 끈을 다시 조여 맵니다 굵은 손마디로 풀벌레에 물든 가을을 흔듭니다 꽃나무 아래 서서

　지나가는 세월을 낚아 올립니다 무심한 어둠이 근거 불충분한 달의 심장에 입을 대고 시간을 빨아들입니다 골목을 쓸어 담는 겨울의 소란스러운 발걸음이 삼동을 삼키듯 상상을 건져 올리는 막연한 하루가 고삐를 풀어헤칩니다 때마침 아침을 데리고 나온 저녁은 쓸쓸한 광장을 쓸어 담습니다 어둠을 손님으로 불러들인 집이 서럽습니다 봄은 착각을 낳고 겨울은 좌절을 낳습니다 바다가 잃어버린 꽃들의 문장 텅 빈 도시 홀로 생각을 접습니다

정처

귀뚜라미에게

수선화 꽃잎이 말을 걸어온다

노을 속에 마주 앉은 섬이 되자고

달빛 흔드는 억새가 되자고

멀리 보이는 것들

창가에 앉아 뜨거운 가을이 되자고

서로에게 가는 길 환하게 비춰주자고

물결 어루만지는 강이 되자고

두고 온 길들의 따듯한 손이 되어주자고

제 3 부

누에보 다리에서

 무공훈장이 빛나는 헤밍웨이를 찾아헤맸어 아찔한 절벽 위 도시 론다 니힐리즘을 수소문하다가 너의 산책길이 깎아지른 벼랑 아래로 쏟아지고 있었어 배낭 속 두근거리는 심장 소리 나는 까베르넷 소비뇽 와인을 즐겼지 카페와 호텔은 그대의 이름으로 즐비했어 흰 언덕 위의 집들 타호 협곡을 잇는 마을은 절벽 위에 있었어 우리 언젠가 여기서 만나기로 했었지 하늘보다 높은 바위산은 우리의 속살을 어루만지며 콰달레빈 강줄기를 따라 흘러갔어 혁명의 턱수염이 무성한 너의 흉상 앞에서 나는 고독하게 방아쇠를 당기는 시절을 생각했어 암울한 미지의 근황 서로의 안부를 물어보며 누에보 다리 저편 흔들리는 하늘을 바라보았어

쾌락의 정원

불씨를 지피기 위해
여자의 얼굴이 쏟아진다

말씀 한마디에
아담의 정원이 태어나고

그림 숲 황금나무는 매혹의 은유
언제나 깨지기 쉬운 유리구슬인가

벨라스케스의 시녀들처럼

덩치 큰 개 한 마리가 졸고 있다
훔쳐볼 수 있는 의문의 방

거울 속 왕비가
어린 금발의 공주와 눈을 맞춘다
>

지상의 꽃들이 빼곡한 공주의 눈에서

다정한 심장을 꺼낸다

표정 없는 눈빛

오래도록 붙들고 놓아주지 않는다

브이로그*

오수를 즐기는 길고양이
나른한 한나절이 머리를 저울질한다

핫초콜릿에 추러스를 찍어 먹는
풍경을 훔친다

가게 안 여자는
거리의 풍경을 내다보고

무시로 들어와 한가로이 놀고 있는
햇살의 날개만이 눈부시다

바람의 스킨십
가로수 잎들을 거리로 퍼 나른다

유럽풍의 커피잔을 기울이며
지긋이 눈 흘기는 청명 하늘

\>

유순한 떠돌이 오후가

광장의 곰 조각상과 악수를 나눈다

필요없는 그림자를 지운다

*자신의 일상을 직접 찍는 동영상 콘텐츠

톨레도

성채城砦

무어왕에게 약탈당한

옛 중심도시

타호강 차창 밖으로 펼쳐진다

대성당의 첨탑

로마 병정들이 진을 치다 사라진

알카사르만을 걷는다

소코도베르 광장을 빠져나오며

엘 그레코를 만난다

유대인들이 떠난

안달루시아 대성당

용서의 문이 깃발로 나부낀다

이슬람 물결이 스쳐 간 자리에

가톨릭이 찬란하다

유다의 입맞춤과 베드로의 눈물

의복을 빼앗기는 예수

그곳은

지극히 높은 곳의 세상
세상의 중심인 나를 발견한다

환상 기행

블라인드 사이로

높은 돔을 올려다보며
슬픔에 잠긴 피에타가 된다

광장을 열면
줄을 서는 붉은 지붕들
바람의 어깨를 토닥인다

나는, 호반의 한 자락

반짝이는 물비늘
흑해로 흘러가는 비밀의 도시
광장을 끌고 간다

강은
물길을 바꾸고

\>

열병식 근위대

소나기를 뿌리는 하늘은

푸른 도나우 강이 된다

빗소리가 하강을 시작한다

여름 삽화

물빛 하늘이 눕는다

찔레 덤불 속에서
어제의 바람과 내일의 구름 사이에서

우기를 읽어 주는 여자의
건조한 하루

무표정으로
드리워진 들판으로
수천 마디 침묵이 뛰어간다

눈썹 없는 아가씨의 숨결

나는
열린 창가에 앉아
허공 읽어 줄 너를 기다린다

\>

햇살 감춘 안개비

한여름 모퉁이를 돌아간다

피라칸사스

허리가 휘도록
붉은 열매가 달아오른다
스러진 꽃잎들은
겹잎 사이로 추락을 즐긴다

기다림은
바라볼수록 매운 사랑

푸르다 지친 청춘
벅찬 열매로 흘러내린다
태풍의 젖은 날개
늙은 계절의 출구를 닫는다

닿지 못하는
먼나무의 거리를 측량한다

재개발 아파트 담장 밖으로
새 한 마리 날려 보낸다

변신

 약간의 분노와 약간의 무표정으로 무장하고 모나리자는 잠적을 서둘렀어 누명 쓴 파블로 피카소는 슬펐어 실종된 푸른 밤이 레오나르도 다빈치의 수줍은 듯 신비로운 미소를 찾아 헤매는 동안 그대 헝클어진 생이 역설을 풀어놓았어 나는 노을에 뿌리를 내리는 반짝이는 물의 기둥을 껴안았어 능선을 넘은 둥근 밤이 종적을 감춘 그대를 애도했어 사라진 눈썹달이 허공을 배회하는 동안 어둠을 당기는 나비의 혀끝 열광하는 나비 떼들이 태어났어 세상은 행적을 감춘 그대의 소문들로 우거졌어 나는, 행방을 훔쳐간 빈센초 페루자를 묵상 중이었어 다시 돌아온 모나리자, 홀로 벽 속에 갇혔어

왜가리

구름 위
찻집에 앉아
너의 애원을 고발한다

외발로 서서
저녁을 훔치는 너는

울음이 차오를 때마다
너의 긴 부리는
물거품으로 날개를 접는다

하구의 심장을 끌어당긴다

돌개구멍 너른 물살
구슬픈 기도

한 모금의 안식

홀로그램 깃털에 일렁인다

강줄기
시간의 덩굴이
쓸쓸한 나를 넘기고 있다

가라앉지 못하는 말들
차디찬 서리의 배회인 듯 가을인 듯
흠뻑 스며들어

흘러가는 심장을 바라본다

종이컵 스캔

하루를 끌고 가는
한 모금의 마법은 황홀하다

일회용으로 산다는 것

거룩한 향기
오감의 무늬로 태어나는 순간은
발등을 깰 위험조차 없다

낭비,

소중한 열매의 시간
측량할 수 없는 마음

내려놓을 수 있다면

절명의 매 순간

글썽이는 눈물이어도 좋고

누군가에게로 가서

쓰디쓴 위로가 되어도 좋다

썰물

물이 질 때마다
옷을 벗는다

한 그루
바다 팽나무가
수평선을 읽고 있다

뭍으로 길을 내는
바다의 손

썰물,
그 숨소리

목줄 묶인
빈 배 한 척

절반의 바다를 끌어올린다

글썽이는 물무늬들

일주문을 세운다

외딴섬 한 척
물살을 껴입는다

가을 장마

　눈빛은 비의 뿌리에 닿아있다 그녀의 말들은 먼바다를 읽고 구름은 지상으로 SNS를 전송한다 머플러에 휘감기는 비의 숨결 파랑주의보 반세기 전 사라호에게 늦은 답장을 한다 스케치 된 바다의 높낮이 휘몰아치는 늦가을의 소용돌이 떨어지는 절망을 암시하는 빗소리 풀잎의 향기만이 선명하다 아스팔트 위로 스며드는 반영들 감정선을 전해주는 거친 바람소리들 물너울 펼치는 바다 프라이팬에 기름 두르는 빗소리 흥건하다고 산방의 검은 구름과 늙은 구들장에게 소식을 전한다 수심 깊은 뒤안길 서로의 이마를 쓰다듬어 주고 싶은 사람들 늦은 저녁까지 그치지 않는 빗줄기로 비틀거린다 나비의 식탁에 우두커니 앉아 자반 고등어 여백의 공허를 즐긴다

제 4 부

죽은 것들이 날아오른다

낡은 그림자

총알 자국에 걸려있다

코코넛 숲에 들어서는 여우비

야자수 그늘을 껴안는다

농모자 쓴 사람들

아오자이 차림새로 짙어가고

공안복을 입은

십자성 눈썹달 노를 젓는다

메콩강의 노래가 출렁거린다

오른다는 것

파도의 연대기

수월봉을 오른다
응알 해안선을 따라가면
용암의 소용돌이에 섞인다

지층의 나이테로 계단참을 쌓는다

오름이
낮아질수록
절벽은 높아지고

먼 듯 가까운 차귀도

고산리 해녀들이
살찐 돌고래의 맨발을 건져 올린다
>

심해의 비밀코드
현무암 속살을 어루만진다

쇄설층 겹겹의 바다
일몰로 젖어든다
붉은 해안선이 어깨를 편다

돌기둥

노학자 말씀 앞에
높은 하늘이 솟을대문을 떠받치고
산발치 솔바람으로 자라난다

모과 한 그루

꽉 쥔 주먹을 펼치면
높은 담장 맑은 바람
달을 표적 삼아 견디어 온 묵향

생은 얼마나 무거운가
늦가을 뜰란 가득 담아낸다

세한의 모래바람

텃새들
추사 고택 적막에 찾아들어

마른 핏줄에 혈기를 돋운다

향기가 지천이다

물태리역 습유

가속페달을 밟는다
돌비석 하나 숨 가쁘게 달려온다

청풍명월 수문장 팔영루 성문을 열면
기생 두향이 가야금 현을 탄다

허공을 활강하는 케이블카
해안가를 펼치면

깃치는 늦가을 비봉산
호반에 미끄러진다

제천 지나는 구담봉
발아래로 펼쳐지는 금수강산 전망대
하늘을 나는 솟대

모멘트 캡슐 속으로

해맑은 웃음소리 파고든다

물길

가을 속으로 스며든다

괴정삼거리

추위를 묶으며
겨울을 캡처한다

어긋난 길은
수직으로 선 벽을 통과한다

시간의 무게로 선 고사목

소리뿐인 울음과
소리 없는 흐느낌에 대하여
사는 일은 슬픔을 완성한다

발자국들이
삼거리 시장통을 지나면
무심코 육교계단을 생각한다

건너지 못하는 망설임

저물녘 불빛을 떠올리면
불현듯 허기가 차

철제계단 오르는 가랑잎들
마대자루 속으로 들어가는 낙엽들

바람의 음절마다
야윈 글귀들이 털갈이하는
계절을 따라나선다

바람개비

형산강의 평화
경로를 이탈하는 쇠제비갈매기
닿는 듯 멀어진다

낮은 곳으로
흰 구름이 날아오른다
실성한 낮 달맞이들의 울음이
물음표 가득한 발음을 삼킨다

물뱀을 염탐하는 은사시나무
각본 없는 웃음을 번역하고
담배를 피워 문 별들은
유금리 기차굴 속으로 지나가고

파월 청룡부대가
쏘아대는 기총소사,
무성한 초록 울음을 관통한다
붉은 노을이 자지러진다

환청에 대하여

가운을 입고
메스를 든 여자가 지나간다

안개를 가동 중이다

지평선은 풍광을 재배치 중이다

삐걱거리는 구름
삼백예순의 뼈에 주문을 새겨 넣는다

소나기가 몰려가는 골짜기
쏟아지는 미궁 속으로 출렁이고

사랑을 빙자한 안개가
슬픈 사유의 눈동자에 스며든다

젖은 숲
배롱나무의 피가 뜨거워진다

겨울 비망록

밤새 뜨거운
속내를 뒤척인다

터질 듯
차오르는 인내
입술을 부풀린다

설중매 눈웃음
적막한 발걸음

살얼음 껴입고도
한 눈 팔지 않는
겨울잠 소식

만 첩 얼음 위
생의 붉은 한때
>

꽃잎 몇 장

절망의 빙판 위에

마침내 죄 없는

절망의 고요

눈꽃으로

불시착한 섬들

여백을 누빈다

폭설

춥고

외로운

내일을 기다려요

눈꽃에 젖는

한 잎 한 잎

생이 홀가분해져요

적멸 속으로 들어가

나를 벗어 버려요

딱정벌레

한 마리가

더 춥고

더 외로운

길을 끝없이 펼쳐요

계절의 길목

옷을 벗어도

실체를 발설하지 않아요

협곡의 안개는

자랑거리예요

나는

내 이름을 불러요

어느덧

백지 위를 걸어요

다시 태어날 지난날의

자서전을 펼쳐요

백신시대

QR코드에 나를 입력한다

부어오른 뺨
선명해진 달의 분화구

나의 큰 위안
밥 같이 먹자 할 수 없는 세상

쏟아지는 아라비아 숫자로는
주치의의 처방전을 바꾸지 못한다

다만 혼자 먹는 식사에
아득한 미래를 부탁한다

귀를 자른다 해도 고흐가 될 수 없는
자화상

>

휘영청 뛰쳐나간 달빛같이

살아있는 자 모두 용의자다

지구는 지금 휴업 중이다

가을과 겨울 사이

띄어쓰기를 합니다

나목들
살아온 결을 잇습니다

빈 하늘에 꽃잎이 스며들고

가을과 겨울 사이에
우리가 모르는 계절이 있습니다

히말라야의 등짐꾼
눈이 큰 미소년의 웃음 같은

맨발을 가진 계절이 있습니다

무너진 능선
휘어진 산길

\>

상사화 밀어 올리는 날개 같은

우화를 꿈꾸는 계절이

안다고 믿었던 가을과 겨울 사이에

또 하나의 계절이

아무도 모르게 있습니다

안개

잿빛 아침이 서성인다
느티나무의 길이 지워진다

푸르던 잎들 다 어디로 가고
마지막 탑승자 너는

산을 지우고
작은 새의 날개를 꺾어버린다
어떠한 슬픔도 끼어들 수 없는
나를 가린다

막바지 단풍처럼 결사적인 안개

한 걸음씩 지상을 열고
물방울의 이정표를 찾는다

너와 한몸이 되어

산이 산으로 넘어올 수 있게

가을이 붉은 잎으로 올 수 있게

꽃처럼 만발한다

허공 한 벌 빌려 입고 길을 휘젓는 동안

부러울 것 없는 적막으로 날아오른다

물봉선 엉글어가는 꿈속에서

로딩 중인 현실

눈 뜨면 사라지는 현실

파도는 바다의 일

구름은 하늘의 일

달의 신발에 노을이 닿아

스멀스멀 집어삼킨 길을 토해낸다

길 없는 여정

어떤 울음의 주인이 된다

나의 셈법

다 가졌다 생각하니
가진 것뿐이다

많이 가져야 행복하다면
행복지수 계산법은 언제나 엉망이다

절망만이 빈손이다

몸 하나 맡길 방 있으니

눈부신 기억 한 줌
가질 수 있다면 나는 온통

그리움으로 족하다

해설

떠난다는 것,
우리는 이것을 사랑이라 부른다

신정민(시인)

낯선 곳에 서 있는 아이의 파노라마!

김지은의 시를 읽는 동안 '있는 그대로의 나'를 말하고 있는 어린아이가 생각났다. "순진무구하며, 스스로의 힘에 의해 돌아가는 바퀴, 최초의 운동, 거룩한 긍정"이라던 니체의 어린아이. 있는 것을 그대로 받아들이고, 하던 일을 금새 잊어버리고 새로운 놀이를 시작하는 어린아이. 그러나 이미 어른이 되어버린 시인 김지은은 어린아이의 눈으로 세계를 만나기 위해 떠나고, 마주치고, 돌아온다. 순수와 긍정의 놀이. 마주 보고 있는 존재들이 들려주는 말에 김지은은 귀를 기울일 뿐이다. 그래서 우리는 김지은의 시에서 '듣다'에 주목해야 한다. 듣는 것은 사랑이다. 사랑하지 않으면 귀를 기울이지 않는다. 세계에 대해 궁금해하고 세계가 들려주는 소리에 귀를 기울이는 시인의 연민이 아이처럼 보인다. "귀를 앓는다/절벽이 적막을 길어 올릴 때까지"(「이명」), "내 귓속으로/쇄빙선 한 척 다가오고 있다"(「우리는 빙산처럼」), "아이들의 근황에 귀 기울인다"(「서머타임」)에서 보면 귀를 앓고 있는 시인은 자신의 안과 밖에서 들려오는 목소리에 귀를 기울이려 최선의 노력을 다하고 있다. 우리는 그 앞에서 같이 귀 기울이며 겸손

해질 뿐이다. 김지은 시인의 이번 시집에서는 아이의 호기심이 자신의 바깥으로 장난스럽게 뛰어나가는 것을 볼 수 있다. 아마도 자신의 몸 밖에서 뛰는 심장 소리를 듣기 위한 것일 수도 있다. 타인의 심장소리가 곧 자신의 심장소리이기 때문이다. 누구인지, 무엇인지 조금 더 잘 듣기 위해 귀를 기울이는 동안 시인은 낯선 곳에 서 있곤 한다.

>개박달나무
>바람결에 길을 나선다
>
>안부를 묻는 공중전화
>백일홍 옛길을 걷는다
>
>그늘이
>뜬구름이
>꿈을 채운다
>
>만나지 못할 길과
>만날 수 없는 얼굴들을 펼쳐든다
>
>흘러간 사람들을 맴돈다
>
>   ―「여백」 전문

우리의 삶에는 분명한 것들이 있다. 김지은 시인은 누군가의 안부를 묻기 위해 "바람결에 길을 나선다". 길을 걷다보니 "만나지 못할 길이 있음을, 만날 수 없는 얼굴"이 있음을 알게 된다. 시인이 서 있는 곳은 희망일까, 절망일까. 이처럼 김지은의 여섯 번째 시집은 자신에게서 떠나고 있음을 고백한다. "역으로 가는/ 계절은 모두 안녕이다", "긴 겨울 끝 플랫폼에서 떠나는 누군가의 뒷모습을 배웅한다", "생은 기다리는 것이 아니라 찾아가는 것"(「탁란」)이라고 고백한다. 그래서 결국 "나는 나를 떠나간다"(「우리가 사랑이라고 부르는」)는 문장을 낳는다. 조금 더 멀리 「누에보 다리에서」나 「톨레도」 시편처럼 낯선 이국의 길 위에 서 있는 시인의 노래도 들을 수 있다. 그러니까 김지은 시인은 떠나고 있는 그 힘으로 뛰어오르면서, "지붕 위에서 바이올린을 켜는 …/ 우리들의 금지구역에서 젖은 날개를 새에게 달아주자"(「12월」)고 한다. 그리고 부양된 그곳에서 허공을 직시한다. "해와 달의 뒤편/번져가는 상상의 뒤 켠 …/ 물과 불이 서로를 어루만질 때/ 지상에는 가장 따뜻한 저녁이 찾아와 …/ 뻐꾸기 울음을 내놓는다"(「침잠」)처럼 사라지기 위해 분명해진 풍경을 포착한다. 이처럼 노래가 되는 찰나는 노래가 시작되기도 전에 일상이 되고, 지상에 닿기도 전에 소멸되는 비처럼 김지은의 시는 흐른다. 담담해서 부족해 보이는 목소리들은 AI의 기계적인 문장에서 느끼지 못할 인간의 목소리로 흐른다. 자신이 선택한 유목의 방법을 통해 세계와 만나려 하기 때문일 것이다. 떠나야 돌아올 수 있는 꿈. 아마도 김지은 시인은 불모가 된 땅을 버리고 떠나는 이주가 아니라 서 있는 그곳을 새로운 생성의 지대로 만들려는 가난한 실험을 하고 있는 건 아닐까.

잠의 껍질을 뜯어낸다

천 길 낭떠러지
발등이 시리다

도시를 배회하다 돌아오는
그늘진 발걸음

막다른 골목이
목적지 없는 그림자를 반기면

꿈은 총총히 집으로 돌아간다

눅눅한 방안에
매달린 꽃 한 다발

놓친 기차 시간 만큼이나 밤은 깊어
눈동자의 자전만이

기우뚱한 지구를 다시 돈다
—「달의 심장」 전문

　'성을 쌓고 사는 자는 반드시 망할 것이고 끊임없이 이동하는 자만이 살아남을 것이다'. 이는 돌궐족의 명장 톤유쿠크의 비문에 새겨져 있다는 말이다. 인간의 역사에 노마디즘의 봉인이 찍혀 있듯 한 사람의 인생 또한 그럴 것이다. 시작(詩作)은 낯선 곳에서 만나는 새로운 세계를 보고 느끼고 성찰하는 것이다. 단순한 공간적 이동이 아닌 끊임없는 움직임 속에서 시인이 발견해내는 것이라 할 수 있다. 이것이 시의 창조적인 행위이다. 그런 면에서 볼 때 시인 김지은 역시 호모 노마드인 것이다. 우리가 잘 알고 있는 움직임과 움직임이 만들어내는 시간이 우리를 변화시킨다. 다른 방향으로 도주하며 다양한 연결을 이뤄내고, 새로운 곳에서 새로운 시인이 태어난다. 김지은 시인은 낯선 장소나 사물, 사람들과 함께 기존의 틀에 박힌 생활과는 다른 관계를 형성하고자 한다. 이러한 다양한 연결접속을 통해 시는, 시인은 다양체가 된다. 유목민적 삶 '나'라고 말할 수 있는 것, '나'는 고정되어 있지 않고 무수히 많은 것들과 연결되어 있고, 그 힘이 느껴질 때마다 방향을 틀어 떠나고 떠난 곳에서 김지은이 새롭게 발견되는 것이다. 김지은 시인은 떠나고, 떠난 곳에서 자신을 확인하고, 서 있는 그곳이 상승에서 하강 중인 허공임을 감지하고, 허공에서 본

찰나의 것들을 풍경으로 그려내고, 이어 소멸을 체감한다. 내가 누구인지, 시인이 이 끝없는 질문의 답을 찾기 위해 떠나야만 하는 것은 안위를 두고 불편한 쪽으로의 움직임이다. 늙어가고 있는 불면의 밤을 기록하기 위함이다.

    빙벽의 무게를 져 나르는
    계절 노동자

    가지 끝에서 무리를 짓는
    슬픔의 형제들이여

    무료한 내일은 계속될 예정이다

    다만, 목련의 꿈들은
    한 폭 풍경으로 떨고 있다

    가지 끝에 귀 기울이는
    침묵의 새떼들

    하늘을 찢는다

    숨 막히는 직립의 광휘
    까닭 모를 악다구니로 피어나고

겨울의 차가운 콧수염

늙어간다는 것은
누구도 탐하지 않는 여행이라고

어제의 방식을 뒤집는다
　　　　　　　　　—「바람이 전하는 말」 전문

　우리의 삶을 조직하는 많은 것들은 중심과 연결되는 견고한 뿌리체계로 뻗어있다. 김지은의 시 역시 자신의 삶에서 그런 움직임이 자주 포착된다. 견딜만한 안락과 지금을 두고 알 수 없어 불편한 세계로의 일탈을 꿈꾼다. "도시를 배회하다 돌아오는/ 그늘진 발걸음"(「달의 심장」)을 확인하게 된다. 그래서 우리는 이 시집에서 움직이고 있는 시인의 시간을 읽게 된다. 시간은 선험적으로 주어지는 것이 아니다. 시인이 만들어가는 것이다. 그 움직임의 시간들이 시인을 변화시킨다. 가만히 그리고 조용히 이뤄지고 있는 김지은 시인의 일탈은 자신만의 지도를 그려가는 것이다. 타인과의 차이를 스스로 반복하며 이루고자 한다. 또한 인간은 이해되지 않는 어떤 것을 만남으로써 사유가 일어난다.

　아름다움은 기존의 것을 거부하는 것에 있고, 그래서 인간은 내적인 어려움을 있는 그대로 드러내기도 한다. 김지은 시인 또한 칸트의 '숭고한 것', 블랑쇼의 '바깥', 들뢰즈의 '미지의 것'을 이해하려고 움직였을 것이다. 우리가 무언가를 보면 그것을 본 '눈동자'가 먼저 깨닫는다. 온전한 개념이나 두뇌보다는 그것을 맞닥뜨린 눈동자가 먼저 움직인다. 그리고 '나'를 만나게 된다. 그 바깥을 통해 자신의 내면을 발견할 수 있다. "환승역을 통과하며 추억을 콜라주"(「나의 미래 완료」)하고, "혁명의 턱수염이 무성한 헤밍웨이 흉상 앞에서 고독하게 방아쇠를 당기는 그대를 생각"(「누에보 다리에서」) 한다. 또한 "흑해로 흘러가는 비밀의 도시에서 슬픔에 잠긴 피에타를"(「환상 기행」) 만난다. "암스테르담의 저녁연기가 풀어 해칠때 꽃다발을 안고 온 시간이 거꾸로 서 있는 에펠탑을 끌어당기는"(「12월」) 것을 본다. "낡은 그림자가 총알자국에 걸려있는"(「죽은 것들이 날아오른다」) 곳에서 코코넛 숲으로 들어서는 자신을 노래하기도 한다.

이처럼 먼 이국에서 찾은 자신 말고도 김지은은 가까운 곳에서도 자신을 발견한다. "청풍 팔영루 성문에서 가야금 현을 타는 기생 두향"(「물태리역 습유」)을 만나기도 한다. "형산강에서 경로를 이탈하는 쇠제비갈매기"(「바람개비」)를 만나고, "소리뿐인 울음과 소리 없는 흐느낌에 대하여 사는 일이 슬픔을 완성하는"(「괴정삼거리」) 일임을 통찰한다.

베니스 상인의 티켓을 끊는다

하염없이 들여다보고 싶은
채송화, 누군가의 소문에 둘러 앉아
불가능을 꿈꾼다

바다가 부풀 때마다
슬픈 음악이 미어진다

귀가 되어 버린
난청은 먼 곳으로부터 희망을 불러온다

한낮의 허리
해는 바다 밑에서 튀어 오르고
갯벌에 물이 들면
파도는 저 홀로 늙어간다

밤은 별의 슬픔을 누빈다
—「소멸에 대하여」 전문

    김지은 시인은 자신의 삶을 작품으로 만들고자 한다. 의식적으로 성찰된 실천이며 동시에 자발적인 실천을 통해 삶의 미학적 가치를 발견하고자 한다. 그러나 시는 내가 모르는 것을 백지 위에 내려놓는 일이다. 모르는 것은 두렵기도 하고 경이롭기도 하다. 모른다는 것을 아는 것이야 말로 두려운 일이다. 시작은 질문만 있고 답은 모르는 어쩌면 답이 없는 질문을 되뇌이다가 어렴풋 들려오는 소리를 받아적는 일일지도 모르겠다. "나는 은밀하게 허공을 준비하는 바람둥이다."(「바람의 뒤편」) 세상을 바라보는 시인의 모습이 잘 그려진 시. 시인은 바람이다. 바람은 무엇으로 움직이는가. 무엇을 만나며 하는 일은 무엇인가라고 묻는다. 물음에 대한 답은 이미 시인에게 있을 것이다.

   시를 쓴다는 행위는, 세계와 행복한 일치와 조화를 이루는 개인뿐 아니라 세계와 대립하거나 독립적인, 또는 세계를 자기화함으로써 세계의 요구를 거부하는 개인을 필연적으로 발생시킨다. 서정시에 등장하는 '나', 즉 시의 주체 또는 시를 말하는 목소리를 가리키는 용어로 오랫동안 사용된 명칭은 '시인' 또는 그 시인의 이름이었다. 이는 서정시 장르 자체가 디에게시스, 즉 시인 자신이 발언자로서 말하는 것이라는 근본 특징을 지니고 있기 때문이다. '정'이 지닌 근본적인 동일화의 원리와 힘 때문이다. 서정시는 모든 서정적 장르 가운데서 가장 강력한 장르이다. 김지은 시인의 서정 또한 시 속에서 울려나오는 서정적 자아인 '나'와의 동일시를 통하여 독자는 시인의 정서를 자신의 것으로 체험하고, 내적 변화의 동력으로 삼을 것이다. '정서'에 직접 작용한다는 서정의 특징, 감정과 감동, 격정과 열정의 문제를 김지은 시인 역시 고민하고 있지 않을까.

(…)
경로 없는 말들은
올리브보다 검은 밤을 생각한다

우리는 스크린의 가슴을 치며
극장 밖의 절망을 이야기한다

출구를 찾지 못하는 열망
겹겹의 울음을 토해낸다
— 「우리가 사랑이라 부르는」 부분

(…)
찔레 덤불 속에서
어제의 바람과 내일의 구름 사이에서

우기를 읽어주는 여자의
건조한 하루

무표정으로
드리워진 들판으로
수천 마디의 침묵이 뛰어간다
— 「여름 삽화」 부분

김지은 시인은 「우리가 사랑이라 부르는」 시편에서 우리가 삶이라는 영화가 상영 중인 극장 안에 있다고 한다. 비현실적인 현실이 마치 영화 같아서 가슴을 치고, 영화였으면 좋겠는 현실 속 그러니까 극장 밖에 살고 있는 우리의 절망을 노래하고 있다. 이런 세상 속에서 시인의 역할은 무엇일까. 잠수함 속의 토끼처럼 세상의 위험을 먼저 간파하는 존재가 아닐까 싶다. 출구 없는 극장이란 얼마나 절망적인가. 없는 출구를 찾는 사람들 속에서 시인은 노래나 하고 있지 않는다. 울음을 토해낸다. 또한 「여름 삽화」에서처럼 우리가 걷기 속에서 생명을 잃어가고 있다는 것 또한 전하고 있다. "우기를 읽어주는 여자"가 바로 시인이 아닐까. 세상은 감정을 잃고, 공감을 잃고, 무표정으로 치닫고 있다. 이 갸팍한 현실에 말보다 더 많은 말을 하고 있는 "침묵이 뛰어가"고 있다고 전하고 있다. 우리는 위 두 편의 시에서 우리에게 돌아오고 있는 정체불명의 그림자를 느끼고 있다. 두려운 현실을 직시해야 한다고 말하고 있는 것이다.

    (…)

    지나가는 세월을 낚아 올립니다 무심한 어둠이 근거 불충분한 달의 심장에 입을 대고 시간을 빨아들입니다 골목을 쓸어 담는 겨울의 소란스러운 발걸음이 삼동을 삼키듯 상상을 건져 올리는 막연한 하루가 고삐를 풀어헤칩니다 때마침 아침을 데리고 나온 저녁은 쓸쓸한 광장을 쓸어 담습니다 어둠을

손님으로 불러들인 집이 서럽습니다 봄은 착각을 낳고 겨울은
좌절을 낳습니다 바다가 잃어버린 꽃들의 문장 텅 빈 도시 홀
로 생각을 접습니다

—「나의 미래 완료」 부분

 잠언처럼 글을 남기는 사람을 이해하기 위해선 그가 어떤
삶을 살았는지 알아야 한다고 한다. 시인의 세계를 이해하기
위해선 시인의 삶을 알아보는 것도 귀한 일일 것이다. 사는 게
힘들어도 힘들다 징징거리지 않는, 가난해서 가난을 다 가졌
다는 김지은 시인은 자신의 주관적인 언어로 자신만의 세계
를 재편해간다. 시인의 일은 누구나 잘 알아주는 창작 활동이
아니다. 그런데도 불구하고 언어로 세계에서 자신의 자리를
타진하는 것이 바로 시인이다. 좋은 시를 쓰는 시인, 잘 쓴 시
를 쓰는 시인이 이미 많은 세상 한 귀퉁이에서 자신만의 언어
로 오로지 자신만의 언어로 타자라는 이름의 세계를 사유한
다. 그리고 이런 시작은 언제나 불편하다. 타자와의 관계 속
에서만 자신의 정체성을 타진해야 한다는 불편한 진실이다.
그렇게 시인은 자신의 존재를 확인하고 싶어한다.

 인간은 이해되지 않는 어떤 것을 만남으로써 사유가 일어
난다. 무엇이 무거운 것인지 질문을 던질 줄 알아야 자기 삶
을 변화시킬 수 있다. 무거운 짐을 지면서도 스스로를 확인할
줄 알아야 한다. 무엇이 내게 무거운 것이며 어떻게 견디고 있

으며 견뎌냈는지 자신의 과제를 수행한다. 김지은 시인의 낙타는 늘 명령하고 지시한다. 그만두고 싶은 고통스러운 순간을 이겨내라고 한다. 김지은의 시는 스스로를 시험하는 것이 아닐까. "가진 것 없으니/ 잃을 것도 없다"(「사과 깎기」)에서 보이는 가진 것과 잃은 것이 아래 시편에도 반복된다. 어쩌면 자신을 들여다보는 시작 끝에 남겨놓은 말이 아닐까 싶다. 이 토로는 "生, 고것 참/ 구성지다"(「절창」)와 연결되고 있다. 김지은 시인의 계절이 늘 감춰둔 열쇠를 찾는 이른 봄이길 기대하게 한다.

>
> 다 가졌다 생각하니
> 가진 것뿐이다
>
> 많이 가져야 행복하다면
> 행복지수 계산법은 언제나 엉망이다
>
> 절망만이 빈손이다
>
> 몸 하나 맡길 방이 있으니
>
> 눈부신 기억 한 줌 나는 온통
> 그리움으로 족하다
>
> ―「나의 셈법」 전문

'시를 쓰는 이유를 묻지 말아주십시오. 그냥 쓰는 것입니다. 쓸 수밖에 없기에 씁니다. 무엇을 쓰는지는 중요하지 않습니다. 더 가볍게 이 세상에서 가장 가벼운 말을 부르는 것입니다. 시를 쓴다는 것은 세상에서 가장 짧은 말을 하는 것입니다' 이 말은 인공지능(AI)이 쓴 시의 일부다. AI가 시를 쓰는 시대의 도래. 키워드만 넣으면 30초 만에 시를 쓴다고 한다. 나 또한 시를 쓰면서 한 번쯤 읊조렸을 저 문장들을 괴담이라 할 수 있을까. 그러나 인간의 고유한 창작 영역이라 여겼던 것을 대신하는 기계의 저 문장은 왠지 섬뜩하다. 기계가 인간의 창작예술을 넘보고 있는 시대. AI가 인간과 함께 시와 소설까지 만들어가면서 'AI 창작예술'의 가능성을 높여간다고 혹자들은 호의적인 내색을 감추지 않기도 한다. '창작과 해석, 작가와 독자만 있었던 문학'을 인간이 리터칭하면서 완성도를 높여가는 것이 중요해질 것이라는 긍정적인 반응도 있다. 시인은 시 앞에서 언제나 쩔쩔매지만 본래적 경험이며, 느낌이며, 감정이고, 직관이고, 방향성 없는 사유며, 너와 나의 화해라는 시를 꿈꾼다. 김지은 시인은 그렇게 사람을 꿈꾼다. 있으면 있는 대로 없으면 없는 대로.